约翰·汤普森

简易钢琴教程

5

上海音乐出版社出版
美国威利斯音乐出版公司提供版权

前 言
内 容

二四拍子、三四拍子、四四拍子和六八拍子中的十六分音符
高音谱表上方的加线
低音谱表下方的加线
装饰音
踏板的初步运用
和弦弹奏中的连音踏板
拇指在二指和三指下穿过
二指和三指跨越拇指
移调
更多的切分音练习曲

复 习

  这一册和前几册一样,为学生提供了相当充分的复习内容,使得他们有足够的机会扩展新学到的每一种知识。有关技术方面的课程,例如对拇指从手下穿过和手从拇指上跨越这个关键的技术环节,复习尤其重要。这一册还为前几册中学到的断音和连音的触键法提供了复习曲例。

  按照乐谱的要求运用这些触键法是极为重要的,因为它们是整个演奏的有机组成部分。

踏 板

  乐谱上的踏板记号十分有限,只在那些最有效果的地方使用。对于这方面有特殊才能的学生,教师可酌情增加踏板的使用。

艺术性与音乐感

  这一册的主要目的是指导学生尽可能地弹得富于音乐感。一切努力都要针对这一最终目标。

  还要尝试从总体上加快弹奏速度,但决不能因此而影响准确性。

  在以后的几册中,本教程在音乐知识和钢琴技巧两方面都逐步有所提高。

约翰·汤普森

目　　录

前言
三四拍子中的十六分音符…………… 5
　《骑士的年代》
切分音………………………………… 6
　《嘀，西进！》
加线…………………………………… 7
低音谱表下方的加线………………… 8
　《淘气的小精灵舞曲》
装饰音………………………………… 10
　《坎贝尔家族来了》
断音弹奏……………………………… 12
　选自《魔笛》
　《踏板练习曲》
用踏板的分解和弦…………………… 14
　《击出墙外，出局！》
和弦弹奏中的踏板…………………… 16
　《教堂管风琴》
快速的二音连奏……………………… 17
　《海滩上的嬉戏》
复习乐曲……………………………… 18
　选自《皇帝圆舞曲》
复习乐曲……………………………… 20
　《穿过云间》
四四拍子中的十六分音符…………… 22
　《练习曲》
二四拍子中的十六分音符…………… 22
　《孤独的小河》
六八拍子中的十六分音符…………… 23
　《练习曲》
复习乐曲……………………………… 23
　《小夜曲》
用踏板的分解和弦…………………… 24
　《忠实泉》

复习乐曲……………………………… 26
　《我的新自行车》
拇指穿过和二指跨越………………… 27
　《练习曲》
复习乐曲……………………………… 28
　《飞转的螺旋桨》
拇指穿过三指………………………… 29
　《练习曲》
三指跨越拇指………………………… 30
　《芭蕾舞排练》
复习乐曲……………………………… 32
　《那时流行闪光的假发》
连奏与断奏的对比…………………… 33
　《烟草拍卖商》
高音谱表上方的加线………………… 34
　《八音盒》
移调…………………………………… 36
　《谷仓舞》
重降…………………………………… 37
　《黑键雷格曲》
复习乐曲……………………………… 38
　《隆隆向前的弹药车》
复习乐曲……………………………… 40
　选自《多瑙河之波》
节奏练习……………………………… 42
　《探戈舞曲》
和弦演奏（前臂起奏）……………… 43
　《校歌》
演奏会乐曲…………………………… 44
　选自《春之歌》
术语表：音乐术语和表情记号……… 47
升级证书……………………………… 48

三四拍子中的十六分音符

十六分音符有一个黑符头、一根符干和两条符尾,像这样:

它的时值是八分音符的一半,因此,两个十六分音符等于一个八分音符。

当两个十六分音符连结在一起时,用两道粗线,像这样:

对应时值:

骑士的年代

Allegretto 小快板

mf scherzando

mp

Fine

D.C. al Fine

切 分 音

嗬，西 进！

译注：《嗬，西进！》（Westward Ho!）是英国作家金斯利所著的历史传奇，书中描述16世纪时发生在南美洲北岸的冒险故事。

加　线

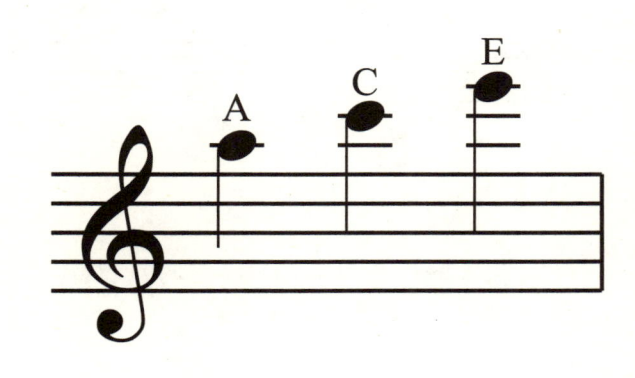

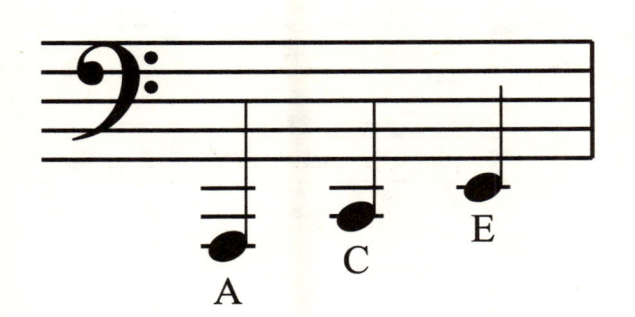

这里是一些新的加线。它们的音名拼成"ACE"这个字（意为纸牌中的"A"，俗称"爱司"——译注）。

低音谱表下方的头三根加线（从低往高读音名）也拼成"ACE"。

加线和加间上的新音符很容易记住，它们恰好是字母表上的前五个字母，即 A B C D E。

低音谱表下方的加线

在某些低音的下方写出它们的音名，下面的曲子读起来就容易多了。

淘气的小精灵舞曲

Light and lively 轻快而有生气

写出指定音符的音名

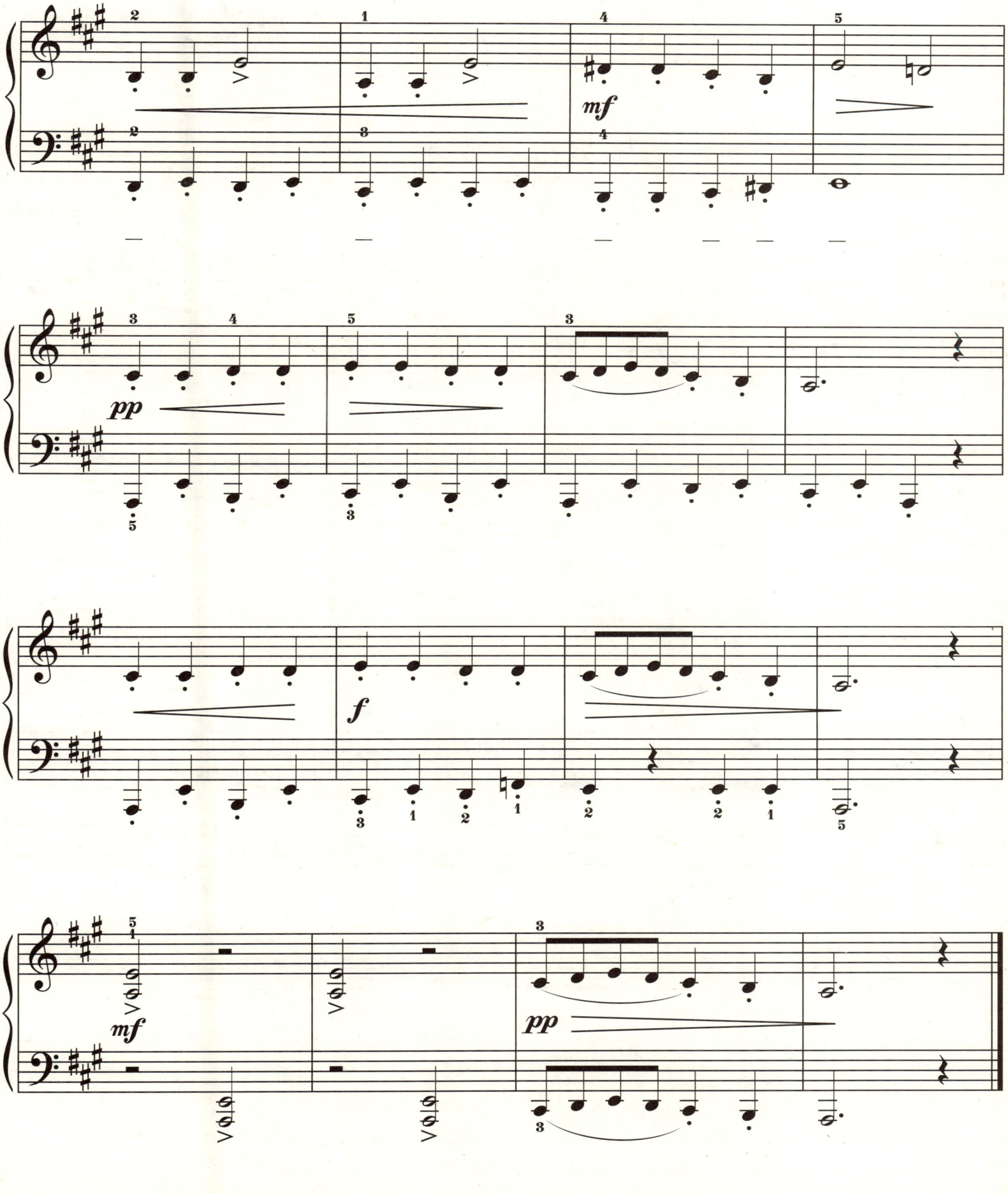
mf
pp
f
mf
pp

装 饰 音

有几种不同的**装饰音**，但用得最多是这一种：

它没有固定的时值，应当尽快进入它后面的本音。

坎贝尔家族来了

苏格兰民间曲调

Allegretto 小快板

译注：坎贝尔家族即亚吉尔郡的坎贝尔家族（Campbells of Argyll），是苏格兰的大氏族之一，在苏格兰和英国历史上地位显赫。

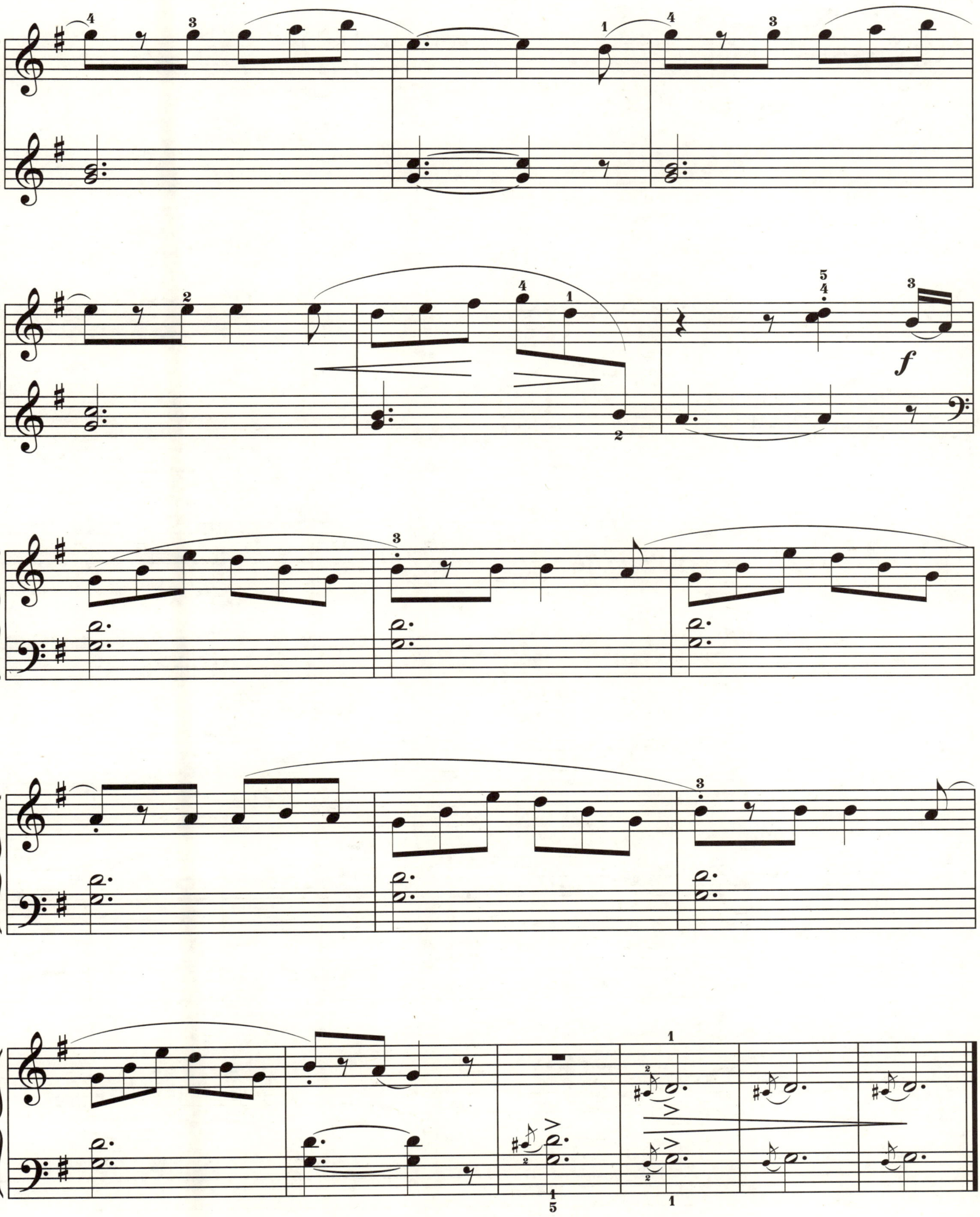

断音弹奏

莫扎特是世界上最伟大的音乐家之一，4岁时开始创作短小的乐曲，6岁时就常在公众音乐会上演奏钢琴。

下面的曲例选自他的歌剧《魔笛》，是一首难得的断音练习曲。

右手单音用手腕断奏，左手和弦用前臂断奏。

莫扎特和他的姐姐为玛丽亚·特利莎皇后演奏
（选自博克曼的画）

选自
《魔笛》

莫扎特原曲

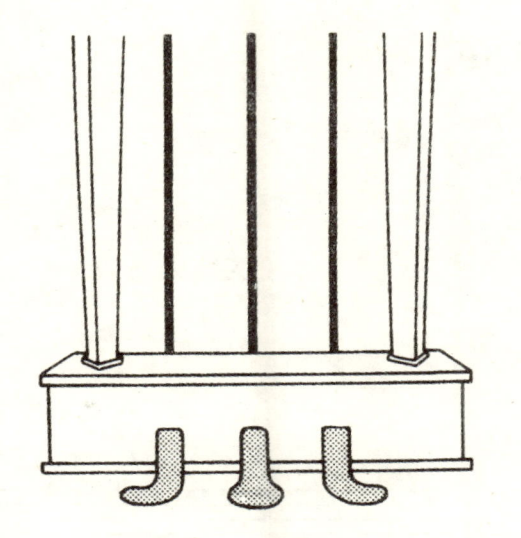

现代钢琴通常有三个踏板。

目前我们只用右边的延音踏板。

右踏板的作用是把制音器悬空挂起,使声音得以延续。

踏板起落的记号有多种。

本书中采用的是这种记号:⎣———⎦。

在记号的开头踩下踏板,到记号的末尾立即放开。在下面的《踏板练习曲》上试试,请注意,即使当左手转而去弹高音区的键时,低音仍在持续作响。

踏板练习曲

Moderato 中板

用踏板的分解和弦

击出墙外,出局!

译注：出局意为击球员被罚出本局比赛。

和弦弹奏中的踏板

在下面的乐曲中，**和弦**的音响应当像教堂管风琴奏出的一样。也就是说，每一个和弦都必须尽可能地延续，即用踏板把一个和弦同它下面的一个和弦连接起来。

注意新的踏板记号！

这个记号用以表明在放掉踏板之后，要不间断地立即再踩下去，以保持持续的连奏效果，像这样：

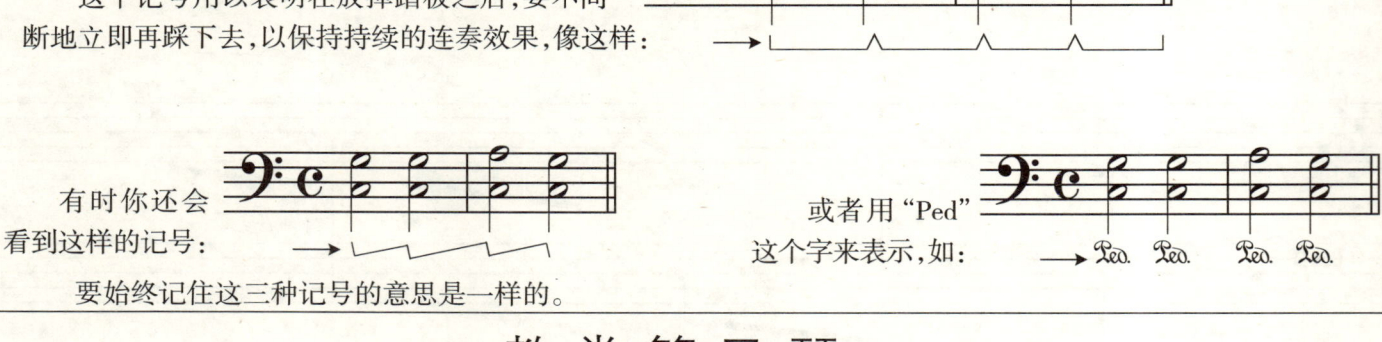

有时你还会看到这样的记号：

或者用 "Ped" 这个字来表示，如：

要始终记住这三种记号的意思是一样的。

教堂管风琴

Andante sostenuto　　延续的行板

快速的二音连奏

在弹奏这首乐曲中的二音连奏时，一定要用**落下—提起**的方式起奏。

由于这些节奏的速度很快，因此向上的动作也应当非常短促。

刚放掉一个连奏的最后一个音，就马上落到下一个音上。

海滩上的嬉戏

Allegro 快板

> 约翰·施特劳斯，以"圆舞曲之王"闻名于世，1804年生于维也纳。
> 他是一位圆舞曲体裁的大师，作品数量惊人，其中大多数至今广为流传。

选自
《皇帝圆舞曲》

Tempo di Valse 圆舞曲速度

约翰·施特劳斯原曲

19

穿 过 云 间

21

四四拍子中的十六分音符

练 习 曲

二四拍子中的十六分音符

孤独的小河

六八拍子中的十六分音符

练 习 曲

小 夜 曲

用踏板的分解和弦

忠实泉

Moderato 中板

译注：忠实泉（Old Faithful Geysen）（一译老忠实）位于美国怀俄明州黄石国家公园，是世界著名的三大间歇泉（间歇地喷出水和蒸气的温泉）之一，喷出的水柱可高达 52 米。

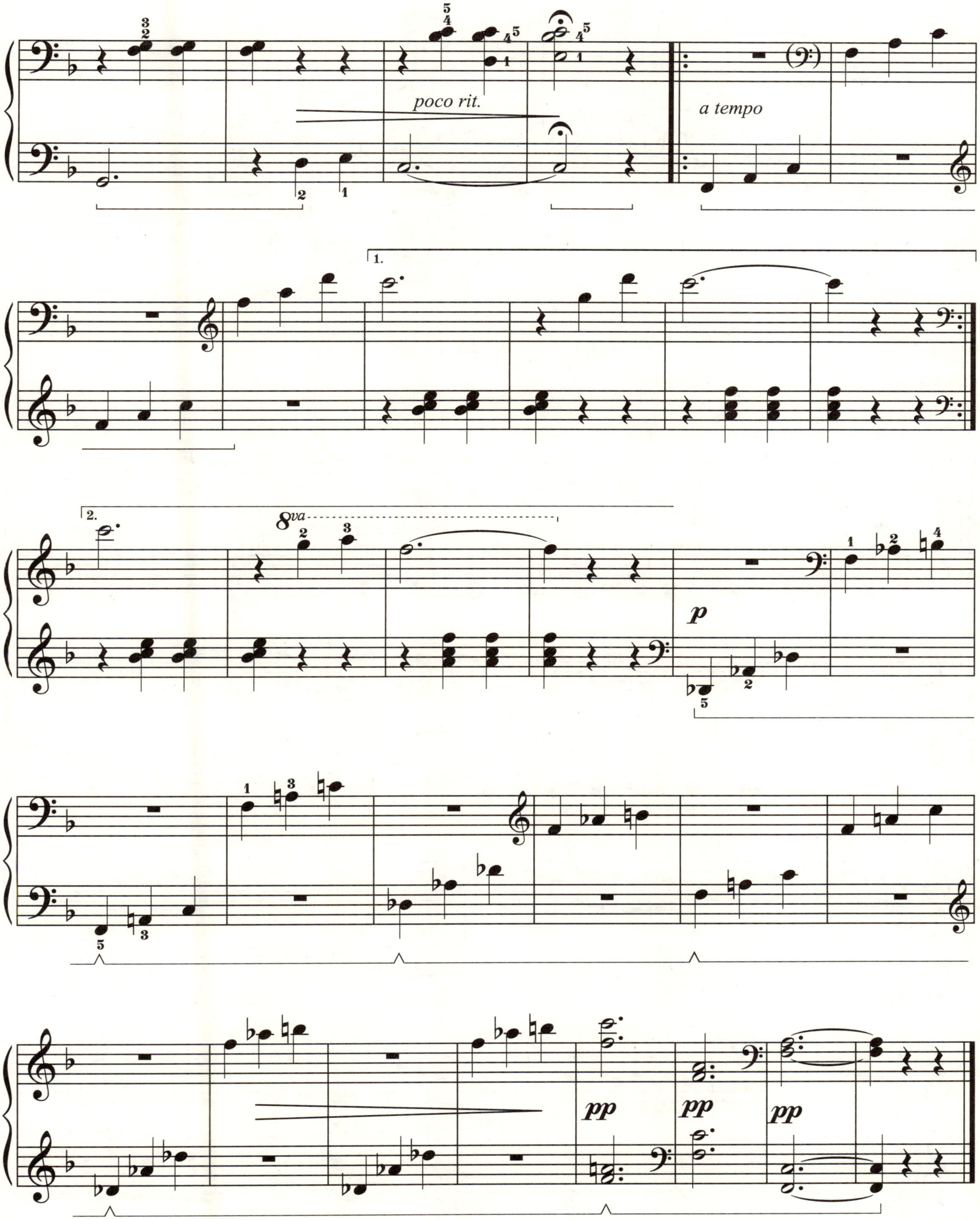
poco rit.
a tempo
1.
2.
8va
p
pp
pp
pp

我的新自行车

Allegro moderato　中速的快板

拇指穿过和二指跨越

手在正常的五指姿势中　　拇指穿过二指时手的姿势

在弹奏这首乐曲之前,先把手放在适当的位置上,反复做下面的练习,直到在手不跟着扭动的情况下,拇指能够平稳地穿过二指。

练 习 曲

Moderato 中板

飞转的螺旋桨

拇指穿过三指

> 拇指穿过三指比穿过二指更难一点。

应当反反复复地练习,直到不依赖手的扭动就能平稳地进行这个动作。

练 习 曲

Allegro moderato　　中速的快板

三指跨越拇指

芭蕾舞排练

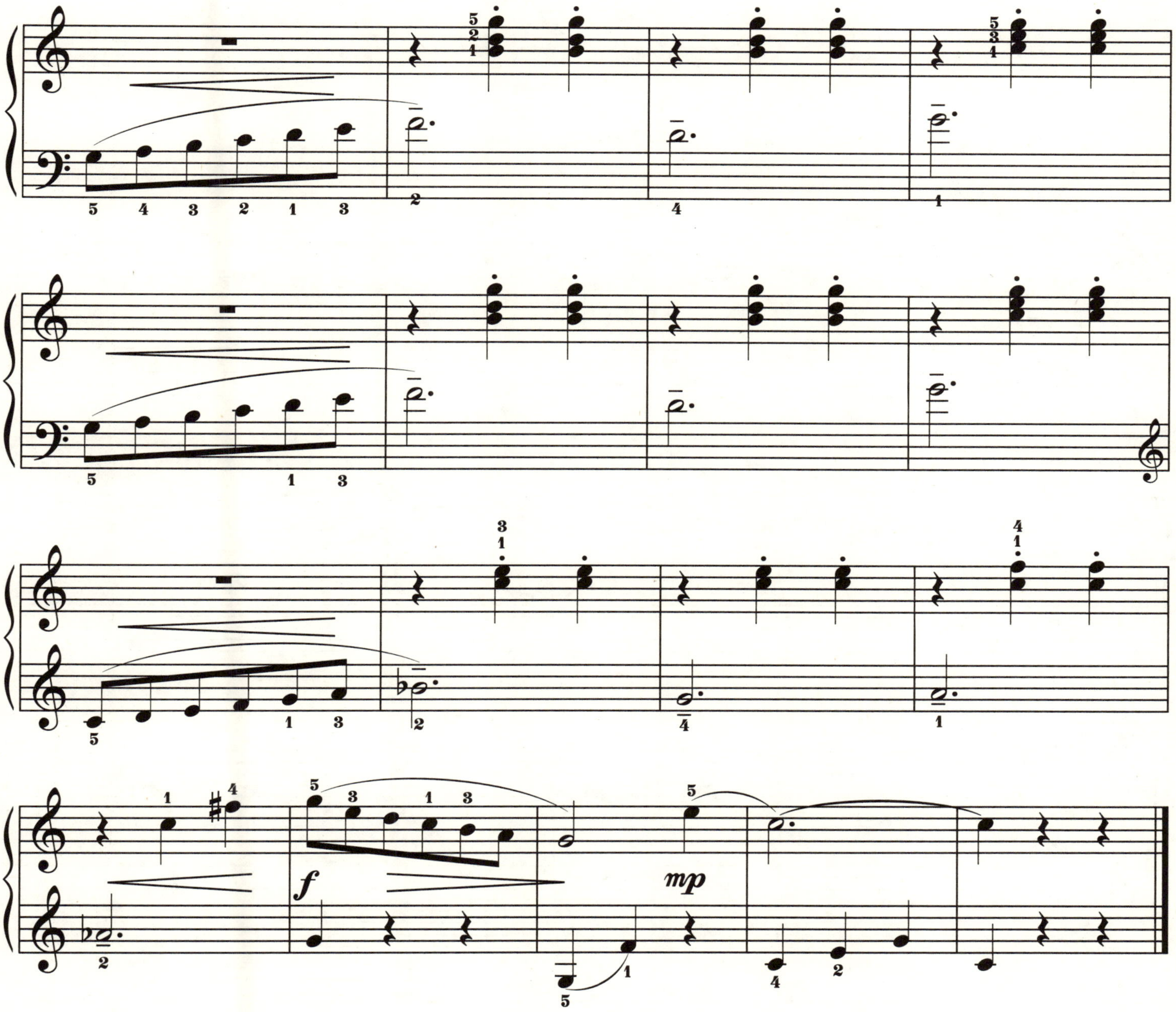
f
mp

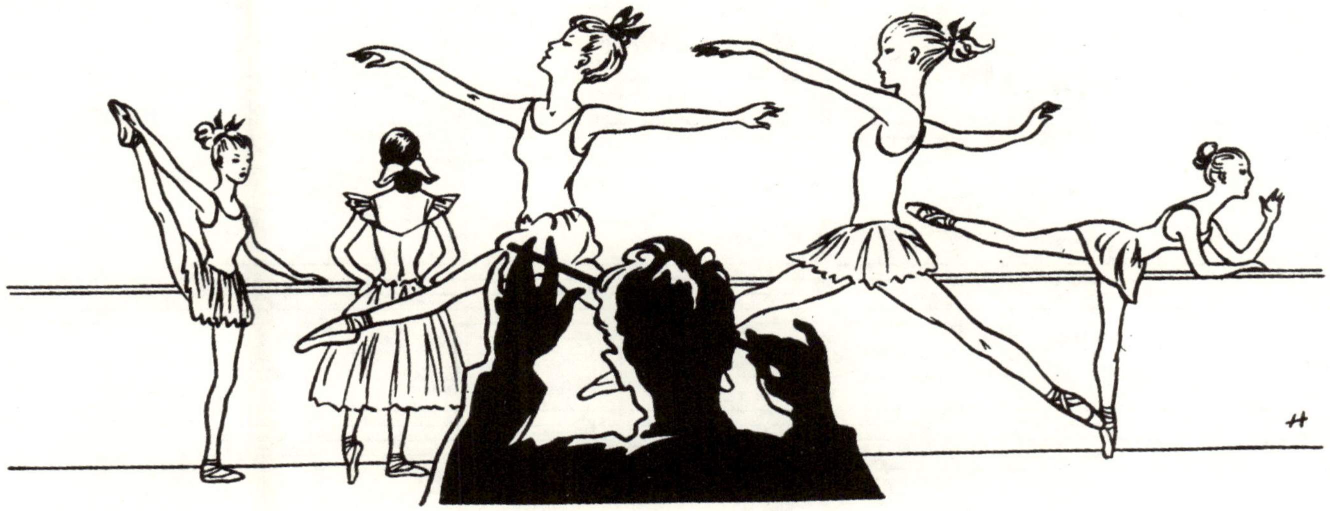

那时流行闪光的假发

（加伏特舞曲）

Moderato 中板

连奏与断奏的对比

烟草拍卖商

Allegro 快板

高音谱表上方的加线

在弹奏《八音盒》之前,先练习在下列各音符的下方写出音名。不要忘记以前学过的方法——ACE 和 ABCDE。

写出指定音符的名称

八 音 盒

Allegretto 小快板

译注：1770 年代，瑞士发明了八音盒，在留声机和自动演奏钢琴之前，它一直是最受欢迎的家庭音乐器具。

移 调

流行音乐中常用的一种手法是旋律的重复——每次重复都移高半音。

下例的旋律首先出现在 C 大调。

然后在 #C 大调上重复——移高了半音。

再次听到它时在 D 大调上——又移高了半音。

假如每个调都用同样的指法，移调就很容易。

还可尝试用本书中的其他曲调练习移调。

谷 仓 舞

Allegro animato 生气勃勃的快板

译注：谷仓舞是一种类似波尔卡的方阵舞，原为美国农村舞蹈，因舞会常常在谷仓举行，故称谷仓舞。

重 降

重降记号（𝄫）是用来降低一个已经降低的音。在下列乐曲中，由于调号的缘故，E音已经降了。当需要再降这个音时，应当用重降记号。

有关重降和重升的更多内容将在以后学到。

这是一首练习移调的极好曲例。因而也可用 G 大调练习。

将它移高半音（从♭G 到 G），所有的降记号变成还原记号，将 F 移高半音，而重降记号则变成单个降记号。完全用同样的指法，并记住不改变各音的音名，唯一需要变化的是临时记号。

黑键雷格曲

译注：雷格曲是一种雷格泰姆风格的乐曲。被称为"雷格泰姆"之王的 S. 乔普林，作有早期雷格泰姆作品中最成功的乐曲《枫叶雷格泰姆曲》。

隆隆向前的弹药车

Allegro con brio 活泼的快板

埃德蒙·格鲁伯将军原曲

39

选自
《多瑙河之波》

伊凡诺维奇原曲

Moderato 中板

41

节奏练习
探戈舞曲

和弦演奏

(前臂起奏)

校 歌

Moderato 中板

演奏会乐曲

费利克斯·门德尔松是世界上最伟大的作曲家之一。他作有大量的钢琴、小提琴、声乐和管弦乐作品。

在他创作的小型乐曲中,最著名的是他称之为《无词歌》的钢琴曲集。

下面的《春之歌》是这部曲集中的一首,得到了长期而广泛的流传。

选自
《春 之 歌》

门德尔松原曲

Allegretto grazioso 优美的小快板

45

46

术　语　表

音乐术语和表情记号

Accent　>	强音记号　用于加强一个音或和弦	March tempo	进行曲速度
Allegretto	小快板　轻快而活泼	mf　Mezzo Forte	中强
Allegro	快板	mp　Mezzo Piano	中弱
Andante	行板	Moderato	中板　中速
Andantino	小行板　比 Andante 稍快	⌒ pause	延长号　按作品风格和演奏者的意图延长一个音或和弦
Animato	生气勃勃		
a tempo	回到原来的速度	pp　Pianissimo	很弱
Con brio	活泼地	p　Piano	弱
＜　Crescendo(cresc.)	渐强	Poco	一点儿　少许
＞　Decrescendo(decresc.)	渐弱	:∥	反复记号
Diminuendo(dim.)	渐弱	r.h.　右手　　l.h.　左手	
D.C. al Fine	从头反复至 Fine 处结束	Scherzando	谐谑地　轻松活泼地
f　Forte	强	⌒ Slur	连奏　连贯的
$f\!f$　Fortissimo	很强	Staccato	断奏　短促的
Grazioso	优美地	Sostenuto	延续地
Legato	圆滑而连贯	Tempo	速度
Light and lively	轻快而有生气的	Tempo di Valse	圆舞曲速度
8va----	高八度演奏	Vivace	快而活泼
8vb----	低八度演奏		

升 级 证 书

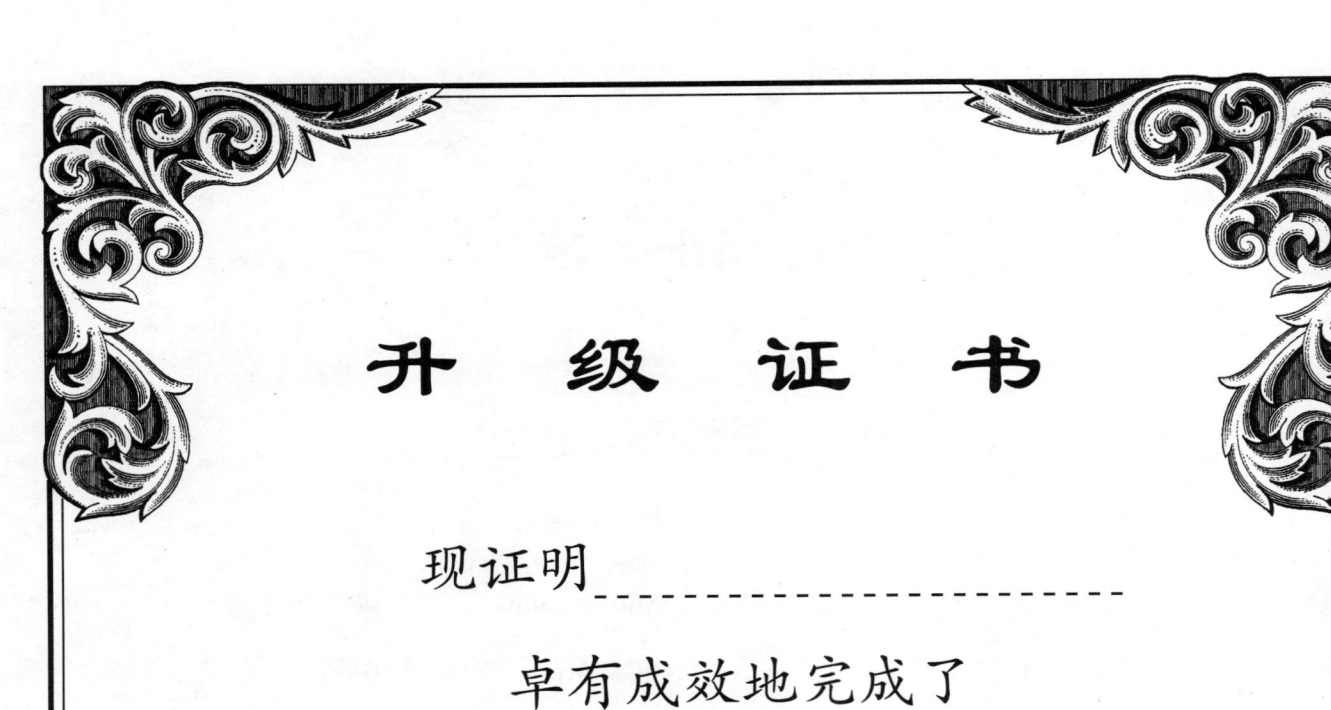

现证明 _____

卓有成效地完成了

约翰·汤普森

《简易钢琴教程》

第五册的学业

已具备升入第六册学习的资格

教师 _____

日期 _____